27 avril 1895.

V

VENTE DU SAMEDI 27 AVRIL 1895

COLLECTION

DE

FEU MADAME D***

ANCIENNES PORCELAINES

DE LA CHINE

ÉVENTAILS LOUIS XV ET LOUIS XVI

COMMISSAIRE-PRISEUR

Me Paul CHEVALLIER

10, rue Grange-Batelière, 10

EXPERT

M. Charles MANNHEIM

7, rue Saint-Georges, 7

IMPRIMERIE DE L'ART

CATALOGUE

DES

ANCIENNES PORCELAINES

DE LA CHINE

Pièces de forme et de service

NOMBREUSES TASSES ET SOUCOUPES

ÉVENTAILS LOUIS XV ET LOUIS XVI

*Formant la Collection de feu Madame D****

ET DONT LA VENTE AURA LIEU

HOTEL DROUOT, SALLE N° 7

Le Samedi 27 Avril 1895

à 2 heures

COMMISSAIRE-PRISEUR	EXPERT
Me Paul CHEVALLIER	**M. Charles MANNHEIM**
10, rue Grange-Batelière, 10	7, rue Saint-Georges, 7

EXPOSITION PUBLIQUE

Le Vendredi 26 Avril 1895, de 1 heure 1/2 à 5 heures 1/2

CONDITIONS DE LA VENTE

La vente sera faite expressément au comptant.

Les acquéreurs paieront en sus des adjudications *cinq pour cent*.

L'exposition mettant le public à même de se rendre compte de l'état et de la nature des objets, il ne sera admis aucune réclamation une fois l'adjudication prononcée.

Paris. Imprimerie de l'Art, E. Moreau et Cie, 41 rue de la Victoire.

DÉSIGNATION DES OBJETS

PORCELAINES DE CHINE

PIÈCES DE FORME

1 — Belle potiche ovoïde avec couvercle en ancienne porcelaine de Chine, famille rose, décorée de larges compartiments contenant des sujets familiaux et des scènes de combats; lambrequins sur l'épaulement; fleurs sur le col.

2 — Fontaine-applique, son couvercle et son bassin en ancienne porcelaine de Chine, famille verte, ornée d'oiseaux et de branches fleuries avec carrelages et quadrillés; bassin décoré intérieurement et extérieurement; robinet en bronze; support en bois sculpté.

3 — Pot ovoïde avec couvercle en ancienne porcelaine de Chine, famille verte, décoré de compartiments contenant des personnages, des vases

de fleurs, des brûle-parfums et autres ustensiles et séparés par des bandes carrelées ; couvercle orné d'un chien de Fô. Socle en bois ajouré.

4 — Aiguière cotelée avec bassin-coquille, à décor polychrome et or, de rinceaux et de fleurs ; ancienne porcelaine de Chine.

5 — Deux vases en ancienne porcelaine de Chine, famille verte, à décor de sujets familiaux ; jeux d'enfants et paysage sur le col.

6 — Deux vases avec leurs couvercles en ancien céladon gris craquelé de la Chine ; bouton de couvercle en forme de chien de Fô, zone d'ornements et anses à anneaux mouvants, réservés en biscuit doré.

7 — Vase hexagonal avec son couvercle en ancienne porcelaine de Chine, famille rose, décorée sur fond carrelé de petites réserves hexagonales ou lobées contenant des fleurs et des paysages ; base en bronze doré.

8 — Vase-balustre avec son couvercle en ancienne porcelaine de Chine, famille verte, décoré de réserves contenant des branches fleuries et se

détachant sur un fond vert pointillé, chargé de fleurettes.

9 — Flacon à thé quadrilatéral avec bouchon en ancienne porcelaine de Chine, famille verte, décoré de rochers, branches fleuries et attributs divers avec encadrements de quadrillés à fond jaune.

10 — Flacon à thé quadrilatéral avec bouchon en ancienne porcelaine de Chine, famille rose, à surface jonchée de fleurs polychromes sur fond jaune jonquille.

11 — Petit flacon cylindro-conique en ancienne porcelaine de Chine, famille verte, à décor de vases de fleurs, de pendentifs et de lambrequins ; monture en argent.

12 — Petit brûle-parfum avec couvercle orné d'une figurine de personnage, en ancienne porcelaine de Chine, famille verte, à décor de réserves de fleurs sur un fond vermiculé présentant des chiens de Fô.

13 — Coupe avec couvercle et à deux petites anses en ancienne porcelaine de Chine, famille verte, à décor de compartiments de buissons fleuris avec bordures quadrillées ; monture en argent.

14 — Petit vase avec un couvercle et à deux petites anses en ancienne porcelaine de Chine, famille verte, à décor de fleurs et de rinceaux.

15 — Deux boîtes rondes avec leurs couvercles et sur trois petits pieds, à décor de fleurs, en porcelaine de Chine; bouton de couvercle formé d'une rose en argent.

16 — Deux bouteilles en ancienne porcelaine de Chine, famille verte, à décor de palmettes avec lambrequin au col.

17 — Bol, à décor de personnages, en ancienne porcelaine de Chine, famille verte.

18 — Bol en ancienne porcelaine de Chine, famille rose, à décor de compartiments carrelés sur fond clathré.

19 — Bol avec son couvercle en ancienne porcelaine de Chine, famille rose, à décor de réserves contenant des personnages et des branches fleuries, sur fond de rinceaux dorés.

20 — Petit bol en ancienne porcelaine de Chine, famille rose : sujets familiaux.

21 — Figurine équestre de personnage barbu, en porcelaine de Chine, décor au naturel.

22 — Figurine de personnage assis, la main gauche appuyée sur le genou, la droite levée, en porcelaine de Chine, décor au naturel.

23 — Statuette de personnage assis et mangeant une grenade, en ancienne porcelaine de Chine, décorée au naturel.

24 — Deux petits brûle-parfums quadrilatéraux avec leurs couvercles surmontés d'une fleur, en ancienne porcelaine de Chine à décor de réserves contenant des pêchers en fleurs et des paysages animés et se détachant sur un fond quadrillé.

25 — Boîte cylindrique avec son couvercle en ancienne porcelaine de Chine à décor bleu; réserves de fleurs sur fond caillouté.

26 — Vase avec son couvercle à fond bleu ; décor de feuilles dorées ; porcelaine de Chine.

27 — Petite aiguière avec couvercle de forme persane en ancienne porcelaine de Chine à décor bleu : branches fleuries.

28 — Petite jardinière de suspension ajourée en ancienne porcelaine de Chine, famille rose.

29 — Petit encrier en forme de crabe posé sur une feuille d'eau en ancienne porcelaine de Chine émaillée violet-aubergine.

PORCELAINES DE CHINE

PIÈCES DE SERVICE

30 — Trois assiettes à bords ajourés en ancienne porcelaine de Chine, famille verte : sujet familial.

31 — Assiette hexagonale en ancienne porcelaine de Chine, famille rose, à décor de corbeille de fleurs avec réserves de fleurs sur fond rouge d'or.

32 — Théière de forme aplatie avec couvercle en ancienne porcelaine de Chine, famille verte, à décor de fleurs.

33 — Théière de forme sphérique avec son couvercle en ancienne porcelaine de Chine, famille rose, anse et goulot en forme de chiens de Fô.

34 — Théière avec son couvercle en ancienne porcelaine de Chine, famille rose, ornée de branchages en relief.

35 — Théière avec son couvercle en ancienne porcelaine de Chine, présentant deux cavités décorées de fleurs en relief sur fond bleu empois.

36 — Théière avec son couvercle en ancienne porcelaine de Chine, famille rose, à décor de fleurs et corbeilles fleuries en relief.

37 — Petite théière avec son couvercle en ancienne porcelaine de Chine à décor bleu.

38 — Petite théière formée d'un singe accroupi auprès d'un fruit, en ancienne porcelaine de Chine, famille rose.

39 — Théière avec son couvercle en ancienne porcelaine de Chine, famille verte, décor de chiens de Fô sur un fond chargé de fleurs et de feuillages.

40 — Théière avec couvercle en forme de coq en ancienne porcelaine de Chine, famille rose.

*

41 — Petite théière avec couvercle en forme de lotus en ancienne porcelaine de Chine, famille rose.

42 — Petite théière hexagonale avec couvercle ajouré en ancienne porcelaine de Chine, famille rose, à décor de branches fleuries sur fond réticulé.

43 — Boîte à thé sphérique avec son couvercle en ancienne porcelaine de Chine, famille rose; anses en forme de chiens de Fô.

44 — Petit service composé d'une théière avec couvercle, d'un sucrier avec couvercle et d'une tasse avec soucoupe en ancienne porcelaine de Chine, famille rose, à réserves sur fond rouge d'or.

45 — Petit service composé d'une théière avec couvercle, d'un pot à lait avec couvercle, d'un sucrier avec couvercle et d'une tasse avec soucoupe en ancienne porcelaine de Chine, famille rose, à décor de réserves de fleurs sur fond clathré.

46 — Deux gobelets, l'un avec sa soucoupe, en an-

cienne porcelaine de Chine, famille verte : branches fleuries et papillons.

47 — Six petites tasses variées avec leurs soucoupes en ancienne porcelaine de Chine, famille rose, décorées sur fond noir.

48 — Gobelet en ancienne porcelaine de Chine, famille rose, à double paroi, celle extérieure réticulée à jour ; base en argent.

49 — Autre analogue avec sa soucoupe ; ancienne porcelaine de Chine.

50 — Tasse droite et sa soucoupe en ancienne porcelaine de Chine, famille rose, à décor de fleurs, fruits et poissons.

51 — Petite tasse avec sa soucoupe en ancienne porcelaine mince de la Chine, famille rose : femmes jouant ; rehauts d'or.

52 — Petite tasse avec sa soucoupe en ancienne porcelaine mince de la Chine : enfants jouant avec un buffle.

53 — Tasse avec sa soucoupe en ancienne porce-

laine de Chine, à décor de fleurs, d'attributs et de coquilles; bordures carrelées.

54 — Petite tasse avec sa soucoupe en ancienne porcelaine mince de la Chine, famille rose : femmes à cheval et musiciens.

55 — Petite tasse avec sa soucoupe en ancienne porcelaine mince de la Chine, à décor de poissons rouges.

56 — Petite tasse avec sa soucoupe en ancienne porcelaine mince de la Chine : décor de barques en grisaille et or.

57 — Tasse avec sa soucoupe en ancienne porcelaine mince de la Chine, famille rose : femme jouant avec deux enfants.

58 — Autre, même porcelaine, présentant un sujet analogue.

59 à 78 — Environ soixante-neuf tasses variées avec leurs soucoupes en ancienne porcelaine de la Chine et du Japon. (Seront divisées.)

79 à 83 — Environ cinquante soucoupes variées en ancienne porcelaine de Chine. (Seront divisées.)

PORCELAINES DE CHINE

PIÈCES ÉMAILLÉES SUR BISCUIT

84 — Très petite table en ancienne porcelaine de Chine, émaillée sur biscuit à décor d'ustensiles et d'attributs variés ; bordure de quadrillés et de rinceaux.

85 — Petit plateau de forme contournée en ancienne porcelaine de Chine émaillée sur biscuit, à décor de poissons et de dragons.

86 — Deux petites boîtes carrées presque semblables avec leurs couvercles en ancienne porcelaine de Chine émaillée sur biscuit, à décor de poissons et de coquillages sur fond carrelé vert.

87 — Petite boîte oblongue avec son couvercle à coulisse en ancienne porcelaine de Chine, émaillée sur biscuit, décor de rosaces et de feuilles ; monture en argent.

88 — Petite coupe libatoire en ancienne porcelaine de Chine, émaillée sur biscuit, à anse et déversoir ornés de lézards.

89 — Statuette de personnage debout sur petit socle oblong en ancienne porcelaine de Chine, famille verte, émaillée sur biscuit au naturel.

90 — Cornet hexagonal en ancienne porcelaine de Chine, famille verte, émaillé sur biscuit, à décor de quadrillés à fond jaune et de feuilles.

91 — Figurine de personnage assis, sur socle à six pans, en ancienne porcelaine de Chine, famille verte, émaillée sur biscuit.

92 — Figurine de personnage semblable à la précédente et pouvant lui faire pendant, en ancienne porcelaine de Chine, famille verte, émaillée sur biscuit.

93 — Figurine de personnage posé sur le crapaud à trois pattes; ancienne porcelaine de Chine émaillée sur biscuit, décor au naturel.

94 — Figurine de personnage assis sur socle hexagonal en ancienne porcelaine de Chine, famille verte, émaillée sur biscuit.

95 — Petit chien de Fô jouant avec la boule précieuse, sur socle oblong; ancienne porcelaine de Chine, famille verte, émaillée sur biscuit.

96 — Fong-hoang auprès d'une fleur, ancienne porcelaine de Chine, famille verte, émaillée sur biscuit.

97 — Autre analogue.

98 — Deux petits chiens de Fô pouvant se faire pendants en ancienne porcelaine de Chine, émaillée sur biscuit.

99 — Autre analogue.

100 — Théière avec son couvercle en forme de poule accompagnée de ses poussins, ancienne porcelaine de Chine émaillée sur biscuit, décor au naturel.

PORCELAINES DU JAPON

POTERIES, PORCELAINES DIVERSES, SCULPTURES

101 — Petit plat creux en ancienne porcelaine du Japon, à décor polychrome et or : au fond, une rosace entourée de compartiments en spirale chargés de fleurs.

102 — Deux boîtes rondes avec leurs couvercles en porcelaine du Japon, à décor de chrysanthèmes et autres fleurs.

103 — Petite boîte ronde à couvercle surmonté d'une figurine de personnage et d'un chien. Porcelaine du Japon.

104 — Deux petits supports tripodes en porcelaine du Japon.

105 — Théière avec son couvercle à décor de fleurs sur fond vert. Poterie de la Chine.

106 — Feuille d'eau contenant un canard. Poterie du Japon.

107 — Théière avec son couvercle en poterie brune du Japon, à décor de feuilles en relief.

108 — Petite coupe simulant une feuille d'eau avec anse en forme de singe. Ancienne porcelaine de Chantilly.

109 — Tasse et sa soucoupe en ancienne porcelaine de Saxe, à décor de réserves contenant des sujets galants sur fond vert pâle.

110 — Figurine de divinité debout sur socle simulant un rocher. Pierre de lard. Travail chinois.

111 — Figurine de personnage en pierre de lard. Chine.

ÉVENTAILS

112 — Éventail Louis XV à monture d'ivoire ajouré, peint et doré à personnages; sur la feuille : le char de Vénus et de l'Amour.

113 — Éventail Louis XV à monture d'ivoire et de nacre ajourés, peints et dorés à personnages et sphinx; sur la feuille : Méléagre offrant à Atalante la hure du sanglier de Calydon.

114 — Éventail Louis XV à monture d'ivoire et de nacre à sujet de chasse; sur la feuille : allégorie de la peinture.

115 — Éventail Louis XV à monture d'ivoire et de nacre ajourés, peints et dorés à rinceaux; sur la feuille : Samson et Dalila.

116 — Éventail Louis XV à monture d'ivoire ajouré, partiellement peint et doré à personnages; sur la feuille : Antoine et Cléopâtre.

117 — Éventail Louis XV à monture de nacre ajourée, peinte et dorée à sujets galants et motifs rocaille : personnages apportant des vivres à un guerrier.

118 — Éventail Louis XV à monture de nacre à décor de sujets ayant trait à l'Amour; sur la feuille : scène allégorique à l'hymen.

119 — Éventail Louis XV à monture de nacre peinte et dorée à personnages et motifs rocaille; sur la feuille : composition allégorique à l'hymen.

120 — Monture d'éventail Louis XV en nacre ajourée à sujet relatif aux vendanges.

121 — Monture d'éventail Louis XV en nacre ajourée, peinte et dorée à personnages et amours.

122 — Monture d'éventail Louis XV en nacre ajourée à décor de scènes pastorales.

123 — Monture d'éventail Louis XV en nacre gravée sur les deux faces à personnages.

124 — Monture d'éventail Louis XV en nacre gra-

vée et partiellement dorée à personnages sur les deux faces.

125 — Éventail Louis XV à monture de nacre ajourée et dorée, à personnages et motifs rocaille ; sur la feuille : préparatifs d'un festin.

126 — Éventail Louis XV à monture d'ivoire ajouré, à figures et motifs rocaille; sur la feuille : berger, bergère et amours.

127 — Éventail Louis XV à monture d'ivoire ajouré à figures et motifs rocaille ; sur la feuille : le Char de Vénus.

128 — Éventail Régence à monture d'ivoire sculpté avec applications de nacre ; sur la feuille : repas champêtre et marine.

129 — Éventail Louis XV à monture d'ivoire ajouré à personnages et kiosques ; sur la feuille : le Jugement de Pâris.

130 — Éventail Louis XV à monture d'ivoire ajouré, peint et doré à personnages ; sur la feuille : sujet pastoral.

131 — Éventail Louis XV à monture d'ivoire et de

nacre ajourés, gravés, peints et dorés; sur la feuille : nymphes et satyres.

132 — Éventail Louis XVI à monture de nacre dorée; sur la feuille : médaillons contenant des scènes pastorales, des personnages et des bustes.

133 — Éventail Louis XVI à monture d'ivoire ajouré à sujets galants; feuille en soie ornée de paillettes à réserves de personnages et médaillons de fruits et fleurs.

134 — Éventail Louis XVI à monture d'ivoire ajouré, argenté et doré, à rinceaux; feuille de soie peinte avec paillettes à décor de sujet galant et fleurs.

135 — Éventail Louis XVI à monture d'ivoire ajouré et doré à personnages, oiseaux et amours; sur la feuille : sujet tiré de l'histoire de Joseph.

www.ingramcontent.com/pod-product-compliance
Ingram Content Group UK Ltd.
Pitfield, Milton Keynes, MK11 3LW, UK
UKHW032032260826
14628UKWH00006B/2893

9 782329 508740